Asia Dick

SV

Band 525 der Bibliothek Suhrkamp

Günter Eich
Aus dem Chinesischen

Suhrkamp Verlag

Erste Auflage 1976
© Suhrkamp Verlag Frankfurt am Main 1973
Satz: Otto Gutfreund & Sohn, Darmstadt
Druck: Nomos Verlagsgesellschaft, Baden-Baden
Printed in Germany

Aus dem Chinesischen
(1949, 1950/1951)

KAISER WU-DI VON HAN, 156-87 V.
HAN-DYNASTIE, 206 V.—220 N. CHR.

Auf einer Flußfahrt geschrieben

Herbstwind erhebt sich und die weißen Wolken fliehen.
Verwelkt sind Gras und Baum. Wildgänse südwärts
 ziehen.
Im edlen Hauch der Orchidee, im
 Chrysanthemenprangen
Gedenke ich der Liebsten, ach, mit innigem Verlangen.
Wo auf dem Fën-Fluß meine hohen Schiffe gleiten,
Seh ich im Strom den Schaum der Wellen sich
 verbreiten.
Von Flöt und Trommel tönt das Ruderlied.
Doch mitten in der Lustbarkeit hat Schwermut mich
 umfangen.
Dem Alter, ach, entrinn ich nicht, die Jugend flieht.

HSI-DJÜN, KÖNIGIN DER WU-SUN, UM 105 V.
HAN-ZEIT, 206 V.—9 N.

Klage

Dorthin, wo der Himmel endet,
Haben mich meine Leute geschickt,
Gaben mich in die Fremde, dem König
Der Wu-sun zum Weibe.

Ein Zeltdach ist meine Wohnung,
Aus Filz sind die Wände.
Rohes Fleisch muß ich essen,
Stutenmilch ist mein Getränk.

Nie verläßt mich der Gedanke an die Heimat,
Das Herz blutet mir.
Ein gelber Kranich wünschte ich zu werden
Und nach Hause zu fliegen.

WANG WE, 699–759
TANG-BLÜTEZEIT

Ein Dorf am Flusse We

Schräg auf den Dorfplatz scheint
Die letzte Sonnenhelle,
Durch enge Gassen kehren
Die Herden in die Ställe.

Ein alter Bauer wartet
Vorm Tor aus Dorngeflecht,
Schaut, auf den Stock gestützt,
Aus nach dem jungen Knecht.

Schrei der Fasane schallt
Aus hohem Weizen her.
Die Seidenraupen schlafen,
Der Maulbeerbaum ist leer.

Wo Bauern sich begegnen,
Plaudern sie eine Weile,
Die Hacke auf der Schulter,
Und haben keine Eile.

Neid fühl ich vor der Muße
Althergebrachter Welt,
Und was ich singe, klagt,
Daß Einfachheit verfällt.

Buddhistisches Kloster

Zur Hsiang-dji-Klause kannt ich nicht den Weg,
Weit führt durch Wolkengipfel hin der Steg.
Kein Mensch betritt ihn. Bäume stehn uralt,
Tief im Gebirg. Doch eine Glocke schallt.
Der Quellenmund schluchzt unter wildem Stein,
Bunt um die Kiefernwipfel spielt der Sonne Schein.
Tief unten Dämmern, wo die Schlucht sich windet,
Und der Versunkene Erlösung vom Begehren findet.

Am Feiertag im neunten Mond
Der Brüder daheim gedenkend

Allein an fremdem Orte
Bin ich ein Fremdling geblieben.
Ach, an festlichen Tagen
Denke der Lieben ich doppelt.

Heute steigen die Brüder
Daheim die Höhe hinauf,
Kornelkirschen im Haar.
Einer ist nicht dabei.

Dem Gouverneur Yüan Örl
zur Fahrt nach Ostturkestan

In Tschang-an netzt der morgendliche
Regen zart den Staub.
Vorm Wirtshaus färbt der Weidenbaum
Sich grün mit neuem Laub.

Ich mahne dich: Noch einmal trink
Mit mir den Becher leer!
Wo du im fernen Westen bist,
Gibts keine Freunde mehr.

Für Tschau, als er nach Japan zurückkehrte

Nicht zu ermessen sind
Die Wasser bis an ihr Ende.
Wer weiß, was in des blauen
Meeres Osten ich fände?

Was ist das Fernste der Welt,
Welcher von ihren neun Teilen?
Wie durch den leeren Raum
Fährst du unzählige Meilen,

Kannst, deine Richtung zu wissen,
Nur nach der Sonne schaun,
Und die Segel der Heimfahrt
Allein dem Wind anvertraun.

Schwarz widerspiegelt den Himmel
Des Meertiers Schildkrötenrücken.
Röte schießt über die Wellen
Aus der Wale sprühenden Blicken.

Weit liegt das Land deiner Heimat
Über Fusang hinaus,
Mitten auf einsamer Insel
Hast du dein Haus.

Bist du in dieser fremden
Welt erst und von hier fort,
Wie fände den Weg hierher
Noch einmal von dir ein Wort?

Im Hirschpark

Die waldigen Berge liegen
  verlassen, menschenleer.
Nur Stimmen höre ich schallen
  von irgendwoher.

Licht von der Abendseite
  zwischen die Stämme dringt.
Über dem grünen Moose
  feurig es blinkt.

Aus dem Zyklus »Das Wang-Tal«

Im Bambuswald

Wo das Bambusdickicht mich beschattet,
 sitze wohlig ich allein,
Zupf die Saiten, hauche wie zum Liede
 Atem durch die Lippen aus und ein.

Keines Menschen Auge kann erspähen
 mich Verborgenen im tiefen Hain.
Nur der volle Mond kommt, mich zu sehen,
 zu verstehn mit seinem reinen Schein.

Aus dem Zyklus »Das Wang-Tal«

LI BO (LI TAI-PE), 701–762
TANG-BLÜTEZEIT

Nachtgedanken

Vor meinem Bett das Mondlicht ist so weiß,
Daß ich vermeinte, es sei Reif gefallen.
Das Haupt erhoben schau ich auf zum Monde,
Das Haupt geneigt denk ich des Heimatdorfs.

Allein auf dem Djing-Ting-Berg

Ein Schwarm von Vögeln, hohen Flugs entschwunden.
Verwaiste Wolke, die gemach entwich.
Wir beide haben keinen Überdruß empfunden,
Einander anzusehn, der Berg und ich.

Leuchtkäfer

Schlägt Regen auf dein Licht, er kanns nicht löschen,
Bläst Wind auf deinen Glanz, wird er nur reiner,
Und flögest du empor in Himmelsferne,
Dem Monde nah wärst du der Sterne einer.

Nachts ankere ich am Büffelsand
und denke an die Männer der Vorzeit

Nachtblauer Himmel überm Yang-tse-kiang.
Am Büffelsand tauch ich die Ruder ein.
Den Mond, den herbstlichen, betrachtend lang
Mein ich, Kumpan des Herzogs Hsiä zu sein.
Wohl hohe Lieder wüßte ich wie einst Yüan-hung,
Doch nicht wie ihn hört Hsiä noch meinen Sang.
Am Morgen fahr ich unterm Segel fort
Und Ahornblätter wirbeln mir an Bord.

Bootfahrt auf dem Dung-ting-See

Nach Westen weite Sicht, der Dung-ting-See:
  ein Strom, der ihm entfließt.
Blick südwärts, ob du, wo das Wasser endet,
  am Himmel eine Wolke siehst!
Die Sonne sinkt. Herbstliche Farben fern
  und Tschang-scha's Mauern.
O edle Hsiang, wüßt ich die Stelle doch,
  dich zu betrauern!

Nanking

1

Seitdem sich übern Strom die Djin gewandt nach Süden,
Ward dieser Ort, was einst Tschang-an gewesen.
Die Berge: Lagerstatt von Drache und von Tiger,
Ein Platz deshalb, für Kaiser und für Könige erlesen.

Die stolze Residenz erblickt man nimmer.
Der Strom, der schützende, fließt rein dahin.
Die Ruder rührend zechen wir und singen
Die Weisen jener Zeit mit frohem Sinn.

2

Geborgen von des Berges Wall,
Umschlossen von des Stromes Lauf,
Einst ragten bunte Türme auf,
Und Straßen, Häuser ohne Zahl.

Das Reich verging, der Frühling sprießt,
Paläste wurden Trümmerhügel.
Es bleibt der Mond im Wasserspiegel,
Die Geisterinsel, die uns grüßt.

Blick von der Terrasse

Hier auf der Fëng-Terrasse
Hat einst der Vogel Fëng genistet.
Der Vogel Fëng ist fort, leer die Terrasse.
Der Yang-tse strömt.

Blumen und Gräser am Schloß der Wu
Haben die Wege überwachsen.
Von den stolzen Höflingen der Djin
Blieb nichts als ihre Gräber.

Drei Gipfel, halb verdeckt,
Wie aus blauem Himmel gefallen.
Zwei Wasserläufe, sie umschließen
Die Insel der weißen Reiher.

Tschang-an bleibt unsichtbar,
Weil von schwebenden Wolken
Die Sonne verdunkelt ward.
Das ist mein Kummer.

Abschied in der Weinschenke

Die Schenke ist voll Duft vom Blütenstaub der Weiden.
Zum Weine muntert uns die Schöne auf aus Wu.
Kommt, Jugend von Djin-ling, nun heißt es scheiden,
Schenkt ein, die bleiben und die gehen, trinkt euch zu!
Den Fluß, der ostwärts fließt, o Freund, befrage du,
Wer lieber scheiden möchte von uns beiden.

In der Verbannung

Arom des Weines von Lan-ling, Gewürz und Gold,
In dem kristallnen Glas glänzt er wie Bernsteinlicht.
Gönn deinem Gast, o Wirt, die Trunkenheit,
Was Fremde ist – ach endlich wüßt ers nicht!

Einem Freund zum Geleit auf die Fahrt nach Schu

Die Straße nach Schu: Ein Felspfad soll es sein,
Nicht leicht zu gehen, wie dir die Leute sagen,
Gebirge vor dem Antlitz des Wanderers ragen,
Wolken hüllen den Kopf des Pferdes ein.

Duftend aber wölben sich Bäume über den Stegen,
Von Frühlingsgewässern ist die Stadt umflossen.
Auf und nieder: im Plan des Himmels ist es beschlossen,
Keinen Wahrsager mußt du befragen deswegen.

*Abschied für Mëng Han-Jan
im Haus »Zum Gelben Kranich«*

Vom Haus »Zum Gelben Kranich« hat der Freund
   Abschied genommen.
In Dunst und Blüte des Aprils ist seine Barke
   flußab geschwommen.
Einsames Segel, ferner Schatten, der im blauen
   Horizont entschwindet –
Ich sehe nur den weiten Strom noch, der zuletzt
   im Himmel mündet.

Ein Lebewohl

Wo nördlich man das blaue Bergland liegen sieht,
Ein Bach ums Mauerwerk der Oststadt zieht,
Dort ist die Stelle, wo wir Abschied nahmen.
Wie weit, ach, treibt der Wind den Beifußsamen!

Du scheidest wie die Wolke, heiter wehend.
Ich bleibe wie die Sonne, untergehend.
Noch winkst du, doch ich weiß, es zieht dich weiter.
Es wiehert laut mein Roß, vereinsamt wie der Reiter.

An einem Frühlingstag betrunken erwachen

Das Leben geht so wie ein großer Traum dahin,
Und sich darin zu mühn, weiß wer den Sinn?
Von morgens bis zur Nacht hab ich getrunken.
Faul bin ich an der Schwelle hingesunken.
Da blinzelnd ich erwach, dringt aus dem Garten vor
Ein Vogelruf vernehmlich an mein Ohr.
Ich frag verschlafen, welche Zeit es sei,
Und flatternd ruft die Amsel mir zur Antwort: Mai!
O wie mich das bewegt und mir die Brust beengt!
Den Reiswein habe ich mir wieder eingeschenkt,
Den hellen Mond erwartend laut gesungen,
Den Seufzer schon vergessen, als das Lied verklungen.

Einsamer Trunk unter dem Mond

Unter Blüten meine Kanne Wein –
Allein schenk ich mir ein, kein Freund hält mit.
Das Glas erhoben, lad den Mond ich ein,
Mein Schatten auch ist da, – wir sind zu dritt.
Gewiß versteht der Mond nicht viel von Wein,
Und was ich tue, tut der Schatten blind,
Doch sollen sie mir heut Kumpane sein
Und ausgelassen unterm Frühlingswind.
Ich singe und der Mond schwankt hin und her,
Ich tanze und mein Schatten hüpft noch mehr.
Wir sind uns Freunde, da wir nüchtern sind,
Ein jeder geht für sich, wenn erst der Rausch beginnt.
Nichts bleibt dem Herzen ewiglich verbunden,
Als was im hohen Sternenlicht gefunden.

Die Frauen von Tschang-an im Kriegsherbst

Des Mondes Sichel über Tschang-an stieg.
Aus allen Häusern schallts: man klopft die Kleider aus.
Der Herbstwind bläst mit unerschöpften Lungen.
Und all das meint: Wie lange währt der Krieg!
Wann, ach, ist die Barbarenbrut bezwungen,
Wann kehren unsre Männer aus Yü-guan nach Haus?

Die Hunnen und der Reiter auf dem Tatarenpferd

Auf tatarischem Pferde reitet der Krieger von Yu-dschou,
Grüne Augen hat er und trägt eine Tigerfellmütze.
Lachend schießt er zwei Pfeile ab als wären es einer,
Und gegen zehntausend Mann nähme den Kampf er noch
    auf.
Wenn er den Bogen spannet, ist es als rollte den Mond er,
Und aus den Wolken fällt die weiße Wildgans hernieder.
Knallend schwingt er nach allen Seiten die Peitsche beim
    Reiten
Und im Vergnügen der Jagd schweift er bis nach Lou-lan.
Hat er das Tor verlassen, nimmer wendet den Blick er.
Sterben fürs Vaterland, das bekümmert ihn nicht.

Wilder als je sind die Hunnen unter den fünf Diadochen,
Gierig wie Wölfe lieben sie Grausamkeit und Gewalttat.
Bis an den Baikal zerstreuen sich ihre Rinder und Pferde.
Fleisch zerreißen sie roh, als hielten Tiger die Mahlzeit.
Wohnen sie gleich am Fuß des eisigen
        Yän-dschï-Gebirges,
Meinen sie dennoch nie, daß der Schnee des Nordlandes
    kalt wär.
Ja, sogar ihre Frauen sitzen zu Pferd und sind fröhlich,
Mit Gesichtern so glänzend wie rote Schalen von Jade.
Reitend schnellen sie hoch und erlegen Wild und
    Geflügel,
Schwanken zur Blütezeit sommers im Sattel berauscht.

Wenn nun das Siebengestirn in hellerem Lichte erstrahlet
Und wie Wespenschwärme die Horden wimmeln im
    Kampfe
Und vom tropfenden Blute die weißen Klingen sich
    röten,
Wasserläufe und Sand davon sich purpurn verfärben,
Wo ist der große Feldherr dann wie in früheren Zeiten?
Aufgerieben würde das Heer, es ist traurig zu sagen.
Wann wird kommen die Zeit, daß die drohenden Sterne
    verlöschen,
Daß sich Vater und Sohn endlich des Friedens erfreun?

Lied vom Zug zu Feld im Norden

Feldzug gen Norden voller Müh und Plagen!
Die Tai-hang-Berge lagern schroff davor.
Im Zickzack führen Stufen steil empor.
Felszacken höher als der Himmel ragen.

Des Pferdes Huf stößt seitlich ans Gestein,
In Loch und Buckeln brechen Rad und Achsen.
Die Wolken Staubes über Yu-dschou wachsen,
Weit nordwärts sich die Lagerfeuer reihn.

Mord wird wie Gift sich an die Waffen hängen,
Ein böser Sturm zerfetzen die Gewänder.
Schnell wie der Wal verschlingt der Feind die Länder
Am Gelben Strom und hält Lo-yang in Fängen.

Wer hierher kam, weiß nicht für welche Dauer,
Zurück zu schauen tut ihm bitter weh,
Der Heimat eingedenk in Eis und Schnee,
Fährt schneidend ihm durchs Herz der Hauch der Trauer.

Zu kurz, den Körper ganz zu schützen, sind die Sachen,
Wie Maulbeerborke springt die Haut an bloßen Stellen.
Zum Wasserschöpfen gibt es keine Quellen,
Kein Holz, ein wärmend Feuer anzufachen.

Der Tiger furchtbar seine Zähne bleckt
Weiß wie der Reif, schlägt seinen Schweif zum Kreise.
Gesträuch und Bäume schenken keine Speise,
Dem Hungernden der Tau wie Suppe schmeckt.

O Klage über dieses Feldzugs Qualen!
Ich zügele das Pferd. Mir schlägt das Herz in Pein.
Wann wird des Kaisers Weg geebnet sein,
Uns unbeschwert der Himmel wieder strahlen?

Nach der Schlacht

Der Braune wird neu gesattelt,
Am Leder blitzt Edelstein.
Vorbei die Schlacht. Den Sand bewacht
Des Mondes kalter Schein.

Vom Mauerwall den Trommelschall,
Noch hörst du ihn gut.
Die Schwerter sind
Noch feucht von Blut.

Herbstliches Gedenken

Nicht lang, dann wird das gelbe Laub gefallen sein.
Von der Terrasse nieder blickt die junge Frau.
Meerwärts und fern ist noch der Himmel wolkenrein,
Aus Steppenländern westlich weht es grau und grau.

Tataren schlossen auf dem Drachenfort die Unsern ein.
Ein Unterhändler ward vergebens ausgesandt.
Der in den Krieg ging, nimmer kehrt er heim.
Ach, Blüten fielen welkend in den Sand.

Eine Geliebte des Kaisers

O junge Anmut, wohnend unterm Dach von Gold!
Des Gartens Purpur rahmt sie zierlich ein.
Bergblumen ihr im Haar, das kostbar aufgerollt,
Das seidene Gewand mit Nelkenstickerein.
Verläßt sie einmal das Palastgelände,
Begleitet sie die kaiserliche Sänfte stets.
Doch einmal, ach, ist Lied und Tanz zu Ende,
Und in der bunten Wolken Glanz verwehts.

Die Eifersüchtige

Der Perlenvorhang rollte auf, die Schöne
Erhob die Brauen, weich wie Falterhaar.
Wohl konnte ich die Spur von Tränen schauen,
Doch nicht erraten, wem sie böse war.

Spiegelbild

Mir wuchs es überlang,
Des Grames graues Haar.
Weiß nicht, wie Herbstreif kam
In meinen Spiegel klar.

DU FU, 712–770
TANG-BLÜTEZEIT

Bei sinkender Sonne

Die Sonn verweilt. Am Fensterhaken oben blieb sie
> hängen,
Indes sich bis zum Rand die Schluchten schon gefüllt mit
> Nacht,
Und würziger die Kräuterdüfte aus dem Garten drängen,
Der Flößer Kessel dampft, die vor der Sandbank
> haltgemacht.

Ums Futter zanken sich die Sperlinge. Es brechen Zweige.
Ziellosen Fluges die Insekten durch das Zimmer schwirrn.
Wer hat den Reis vergoren? Ach im Glas die trübe Neige –
Ein Schluck, und die Gedanken sind dahin, die mich
> verwirrn.

Am reinen Strom

Der Strom umarmt das Dorf. Im engen Bogen,
Wie in Verwunschenheit verfließt das Jahr.
Wie kam die Schwalbe ins Gebälk geflogen?
Und flußwärts sammelt sich die Möwenschar.

Großmutter malt ein Schachbrett auf Papier,
Ein Kind klopft eine Nadel sich zur Angel.
Für Krankheit gibts Tinktur und Elixier.
Woran ist für den armen Leib noch Mangel?

Landschaft

Ein Paar von Goldpirolen, die im Grün der Weiden
 singen.
Ein Zug von weißen Reihern regt zum Himmel auf die
 Schwingen.
Vom Fenster eingerahmt hebt sich das Schneegebirg
 empor.
Ein Schiff von weither ankert dicht vorm Tor.

Mahlzeit im Freien

Schön ists, die Boote gegen Abend loszubinden,
Wenn schwacher Wind das Wasser sacht erregt,
Im Bambusdickicht einen Platz zu finden,
Wo Kühle ist und Lotos unbewegt.
Die Freunde mischen Eis und Wein zum Trunke,
Die Mädchen säubern Wurzeln, Schaft und Keim.
Doch schaut empor: Zerrissne Wolken dunkeln
Und bald beginnt der Regen seinen Reim.

Wein trinkend am Mäander-See

I

Das Flöckchen, das der Blüte entfliegt, es mindert den Frühling.
Doch der Wind wirbelt tausend Teilchen auf, – wie soll man nicht trauern!
Komm, wir wollen bis zu Ende sehen, wie das Blühen am Auge vorbeitreibt,
Nicht verabscheun der Vergängnis Vielfalt. Doch netze uns Wein die Lippen!
An der Uferwand drüben haben die Eisvögel winzige Schlößchen. Am Ende des Wildparks
Blieb ein Grabhügel und ein steinern ruhendes Einhorn darauf.
Zu tun, was dir Freude bringt, ist, wohl bedacht, aller Geschehnisse Sinn.
Die Fessel des Leibes, der große Name, treibt wie auf dem Wasser dahin.

2
Zum Pfandhaus hin, das ist mein Morgengang,
Aus Schifferkneipen kehr ich abends heim.
Was ich besitze, leg ich an in Wein.
Was ist der Mensch? Sein Leben währt nicht lang.

In Blüten tief der Falter sich versenkt,
Ganz leicht berührt Libellenflug den Teich
In Wind und Licht. Was ihnen ward geschenkt,
Sie nehmens gern. Oh tu es ihnen gleich!

Das Pferd des Prokonsuls

Das Pferd des Prokonsuls Gau
Kam von An-hsi nach Osten her,
Ein blaugescheckter mongolischer Renner,
Sein Ruhm flog noch schneller als er.

Diesem Roß ist kein andres gewachsen,
Sprengt es dahin in die Schlacht,
Eines Herzens mit seinem Reiter
Hat es hohe Taten vollbracht.

Man pflegt es nach seinem Gefallen,
Ist das Gefecht vorbei.
Wie schwebend kam es von fern her
Aus dem Flugsand der Mongolei.

Doch an der Krippe zu bleiben,
Ist zu wenig dem feurigen Sinn.
Sein Mut begehret von neuem
Der Walstatt kühnen Gewinn.

Gewaltig, als trät es auf Eisen,
Rührt es Fessel und Huf beim Gang.
Oft ist es über den Djiau-Fluß gestampft,
Daß die mächtige Eisdecke sprang.

Sein Fell ist wie Blumenmuster
Und wie von Wolken gefleckt.
Die zehntausend Meilen sieht man ihm an:
Blutroter Schweiß es bedeckt.

Von der Jugend der Hauptstadt hat niemand
Es zu reiten gewagt.
In Tschang-an kennt es ein jeder,
Das dem Blitz gleich vorüberjagt.

Alternd für seinen Herren
Steht es seiden gezäumt im Haus.
Kehrt es noch einmal im Leben
Den Weg zum Westtor hinaus?

Die Wäscheklopferin

Ich weiß: Noch kehrt ihr heim nicht aus dem Felde.
Es kam der Herbst. Ich wisch den Wäschestein.
Schon nahe ist die Zeit der bittern Kälte,
Ach, schwerer fühlt mein Herz: Ich bin allein.

Nicht länger kann ich mich im Haus versäumen.
Die Wäsche schick ich an die Grenze dir.
Müd macht das Klopfen. Ach, du in der Ferne,
Dringt dieser Schall nicht manchmal bis zu dir?

In einer Mondacht an die Brüder denkend

Die Trommel schlägt und macht die Straßen leer.
Herbst an der Grenze. Eine Wildgans schreit.
Tau näßt den Fluß. Die Nächte sind so weiß,
Mondhell, als wenn es wieder Kindheit wär.

O junge Brüder, wo ihr jetzt wohl seid!
Kein Heimathaus, das euer Schicksal kennt.
Schrieb ich die Briefe, ach, an euch umsonst?
Und ringsumher der Krieg noch immer brennt.

Freunde in der Not

Gewölk zieht auf, so schnell wie man öffnet die Hände.
Wie man sie dreht, so schnell beginnt es zu regnen.
Wie oft geriet ich in solche Wetterwende:
Der Schwarm der Freunde vermied es, mir zu begegnen.

Wie aber hielten Guan und Bau, – denkt ihr daran, ihr
      Herrn? –
Fest zueinander doch in Armut und Leid!
Heute hört man von solchem Vorbild nicht gern
Und schüttelt es wie lästigen Staub sich vom Kleid.

Fremde

Nie war der Fluß so grün, das Weiß der Vögel weißer,
So blau der Berg, das Rot der Blüten heißer.
Und doch vergehts, das Jahr, gleich allen, wies auch brennt,
Und niemand ist, der mir den Tag der Heimkehr nennt.

Der Turm am Dung-ting-See

Was man mir früher vom Dung-ting erzählte,
Staunend vernahm es mein Ohr.
Heut endlich steige ich selber die Stufen
Zum Yo-yang-Turme empor.

Sehe, wie Wu und Tschu hier sich scheiden,
Östliches, südliches Land,
Wie Tag und Nacht ineinander verfließen,
Der Himmels- und Erdenrand.

Nun bin ich da, doch als Alter und Kranker.
Im Schiffe fuhr niemand als ich.
Kein Brief von denen, welche auf Erden
Mir teuer, erreichte mich.

Das Grenzgebirge erfüllt im Norden
Von Kriegern und ihren Rossen –
Ach, ans Geländer des Turmes gelehnt,
Sind mir die Tränen geflossen.

BO DJÜ-I (BO LO-TIÄN), 772–846
TANG-DYNASTIE, MITTE

Bessere Herren

Die mit den Pferden fast die Straße sperren,
Ihr Reitgeschirr seh ich im Staube blitzen.
Wer sind sie, die so stolz im Sattel sitzen?
Vom Hofe, sagt man, hochgestellte Herren.

Die im Zinnoberrock sind aus der Staatskanzlei,
Die mit den Purpurschnüren Generale,
In das Kasino reiten sie zum Mahle,
Die Kavalkade zieht wie ein Gewölk vorbei.

Aus Krug und Bütten schenkt man die Getränke,
Das Wasser wie das Land reicht Leckerbissen dar,
Vom Dung-ting-See Orangen wunderbar,
Geschnittnes Fleisch, Pasteten, Hecht und Renke.

Es ist gemütlich, wenn man satt gegessen,
Der Wein belebt die Stimmung ungemein.
Im Süden trockneten die Felder ein,
In Tjü-dschou hat man Menschenfleisch gegessen.

Herbsttag

Der Teich liegt wüst, nur öde Tümpel blieben.
Ins Fenster scheint die Sonne ernst und rein.
Viel Wind ward sanft vom Herbst herzugetrieben.
Sophora blüht, die Schote reift daneben.
Ein Mann weilt unter dem Gezweig allein,
Der Jahre einundvierzig zählt sein Leben.

Mein Leben

Mein Leben, wem gleicht es?
Dem einsam wachsenden Beifuß gleicht es.
Vom Herbstreif zerschnitten, von den Wurzeln gelöst
Treibt er weit im langen Winde dahin.
Einst schweifte ich umher zwischen Tjin und Yung,
Unter die Barbaren von Ba hat es mich jetzt verschlagen.
Vor langer Zeit war ich voll Feuer und ein Jüngling,
Jetzt bin ich alt geworden und still,
– nach außen hin freilich nur einsam und still, denn im
 innern Herzen blieb alles sprudelnd in Fluß.
Dürftig begegnete mir bisweilen mein Schicksal, bisweilen
 in Üppigkeit.
Gleichermaßen gelassen nahm ich Wohlergehen und Not
 hin.
Im Wohlergehen war ich ein riesiger Greif,
Der die Schwingen erhebt und bis an das blaue Gewölbe
 streift.
In der Not war ich ein Zaunkönig,
Dem ein Zweig genügte – er läßt sichs gefallen.
Wer sich auf diesen Weg versteht, er mag
Am Leibe Not leiden, sein Herz hat keine Not.

Das Amtshaus

Der hohe Baum, von neuem Laub erfüllt,
Mein Erdenwinkel, schatten-eingehüllt!
Was spricht man groß von eines Amtmanns Hause!
Es ähnelt einer Eremitenklause.
Dem Würdigen, der schlummert unter diesem Dach,
Fehlts nicht an Schlendrian und Muße mannigfach.
Nach dem Erwachen eine Schale Tee genießt er
Und im Umhergehn ein Kapitel liest er.
Die frühen Pflaumen sieht er schon ergrünen,
Die letzten Kirschen, rote Kugeln, fallen neben ihnen,
Und mit Orangen spielend seine kleinen Mädchen
    tollen,
Die ihn, am Ärmel zupfend, mit sich ziehen wollen.
Der Abend dieses Tages ist voll tiefer Ruh;
Die Vögel in den Nestern rufen nicht einander zu.
»Tjing-tjing«, – die Elster nur lockt ihre Jungen,
Das »Ra« der Krähenmutter ist erklungen.
Meinst du, daß es bei Kräh und Elster nur so wär?
Auch ich zieh hinter mir die Küchlein her.

Trennung

Zum Walde kehren bei Sonnenuntergang die müden Vögel
 zurück.
Die schwebenden Wolken geben den Himmel frei und
 kehren zurück zu den Bergen.
Doch es gibt Wanderer auf dem Wege,
Fern, fern, die nichts wissen von Heimkehr.
Des Menschen Leben: bittere Hast und Jagd,
Eingeschlossen den langen Tag im Gewühl der Menge.
Was sie auch treiben: ist es das Gleiche auch nicht,
Ist es doch gleich darin, daß nimmer Muße sie finden.
In flachem Kahn kam ich in die Ämter von Tschu,
Ritt zu Pferde nach der Grenze von Tjin.
Der Schmerz der Trennung geht allen Windungen meines
 Herzens nach,
Willig sich krümmend, als drehte er sich im Kreise.
Zum Wein will ich greifen und einen Becher voll trinken,
 aufhellen das trübe Gesicht.

Rückkehr zum alten Hause am We

Einstmals hab ich gewohnt, wo der We-Strom, der klare,
 sich windet.
 Gleich zur Schildkrötenfurt kam man zum Tore hinaus.
Zehn der Jahre verflossen. Nun, da wieder ich kehre,
 Beinah wärs mir geschehn, daß ich im Weg mich
 geirrt.
Während ich mich besann, wie in früherer Zeit ich
 gegangen,
 Tief ergriff mich der Platz, wo ich umher-geschweift.
Weiden, damals gepflanzt, sie bilden ein hohes Gehölze,
 Pfirsiche, damals gesteckt, wurden zu altem Bestand.
Weil mit Verwundern in den Erwachsnen von heute
 Ich die Kinder von einst, alle die kleinen erkannt,
Fragte ich nach, wo von ehmals die alten Leute geblieben,
 Und es hieß, daß sie halb füllten den Friedhof vom
 Dorf.
In dieses Leben treten wir ein als flüchtige Gäste,
 Wo auch her und wohin, immer ist Kommen und Gehn.
Wie eine gläserne Murmel die glänzende Sonne am
 Himmel
 Steigt sie herauf und versinkt, unbeständiges Licht.
Menschen und Dinge verändern und wandeln sich mit den
 Tagen.
 Heb ich die Augen auf, traure ich über mein Los.
Kehr ich zurück die Gedanken, so sinne ich über mein
 Dasein,
 Daß ich entkäm dem Verfall, daß es nicht Abend würd!

Unaufhaltsam zerschmolz im Gesicht die zinnoberne
   Röte
Unter dem weißen Haar, das auf dem Haupte sich
   mehrt.
Nur die drei Hügel jenseits des Tempelhoftores,
   Ihre Farbe noch ist, wie sie in alter Zeit war.

An den Mönch im abgelegenen Kloster

Ein halb Jahrhundert fast ging mir ins Land.
Die Schwelle werd ich fegen einst vor einer Felsenklause.
Wer wollte den mit weißem Haar in seinem Hause?
Der Jugend grüne Wildnis mir entschwand.
Heimsuchung ist unzählig mir geschehen,
Unrecht seit neunundvierzig Jahren ich erleide.
Zieh ich die Summe: Mach dich frei und scheide
Und schüttele bei gutem Wind den Staub der Welt vom
    Kleide!

Vorfrühling am Mäander-See

1
Vom Amt beurlaubt bin ich ungebunden,
Mein dürrer Klepper braucht mich nicht zu tragen.
Ich geh durchs Tor, wenn es beginnt zu tagen,
Am See hab ich den Frühling schon gefunden.

2
Der Wind hebt an, von Osten weich zu wehen.
Die Wolken öffnen sich. Die Berge hellen auf.
Das Eis zerschmilzt. Es brechen Quellen auf.
Der Schnee zerrinnt, läßt erste Gräser sehen.

3
Betaute Aprikosenknospe will sich röten.
Aus Nebel taucht der Weide unvollendet Grün.
Wildgänse: träge Schatten die vorüberziehn.
Verhalten fängt die Amsel an zu flöten.

4
Voll Frieden sind das Herz und das Gelände
Und wie das schöne Licht die Augen rein.
Im Rausch fühl ich der Welt mich nahe sein.
Mir half der Wein: die Krankheit ist zu Ende.

5
Zu bummeln ist der Taugenichtse Sache.
Das Einfache begehrt, wer in der Stille lebt.
Denk ich der Säle voller Bücher, lache
Ich, denen ungleich, die nach Ruhm gestrebt.

Freude am Regen

Wessen Garten zu trocken, der sorgt sich um Malve und
  Veilchen,
Wessen Acker zu trocken, der sorgt sich um Bohn und
  Getreide.
Jedem sind eigene Sorgen bereitet in Zeiten der Dürre.
Ich, wenn es trocken ist, bange um Kiefer und Bambus.

Ob die Kiefer verdorrt, der Bambus dürr wird und
  abstirbt,
Ach, mir sind Auge und Herz gleichermaßen in Unruh.
Denn zu besprengen sind Blätter, und dürstende Wurzeln
  zu gießen.
Mühsal den Knechten ists, soviel Wasser zu schöpfen.
Aber ein fettes Gewölk plötzlich von Osten her
  aufsteigt.
Kühlender Regen erfrischt, da Schauer um Schauer sich
  folgen.
Ähnlich wie das Gesicht sich reinwäscht vom Schmutz
  und vom Staube,
Und wie das Haupt empfängt köstlichen Öles Bad.

Mählich gewöhnt, die tausend Stengel sich feuchten,
Fröhlichen Mutes grünen wieder die zehntausend Blätter.
Tausend Tage begießen und sprengen bringt nicht soviel
  Nutzen,
Wie es der einzige Guß feinen Regens vermag.

Und ich begreife: lebende Seelen zu leiten
Unterscheidet sich nicht von der Gräser und Bäume
 Belebung.
Drum, ihr Vollkommenen und Weisen, denen es zu
 herrschen gegeben,
Tuts, wie die Harmonie waltet im Ablauf des Jahrs.

Als ich auf dem Pferde einschlief

Weit war unser Weg an diesem Tage
Und immer noch fern das Ziel.
Mühsam hielt ich die Augen offen,
Bis ich ermattet in Schlummer verfiel.
Am rechten Ärmel hing noch die Peitsche,
Der Linken waren die Zügel eben entglitten.
Plötzlich erwachte ich. Es sagte der Knecht mir:
»Wir sind kaum hundert Schritt inzwischen geritten.«

So weilen Leib und Seele nicht an dem gleichen Orte.
Langsam und schnell – wer könnte vereinen die beiden
    Worte!
Der Schlaf auf dem Pferd, einen Augenblick währte er
    bloß,
Im Traume aber erschien er mir grenzenlos.
Es sagen die Weisen, und was sie sagen ist wahr:
Gleich einem kurzen Schlafe sind hundert Jahr.

Frühling am See

Wie ein Gemälde ist es am See, seit der Frühling gekom-
    men.
Wirr durcheinander die Gipfel umkränzen die Fläche des
    Wassers.
Immer mit anderem Grün vor die Berge die Kiefern sich
    drängen
Und in die Wellen der Mond zeichnet den Perlenball.
Fäden aus blaugrünem Teppich, so zieht es den Reis aus
    dem Boden.
Neues Schilf sich entrollt als seidene Schürzenbänder.
Ach, noch immer vermag ich es nicht, mich vom
    Hang-dschou zu trennen.
Was zur Hälfte mich hält, ist es doch dieser See.

Ich habe meinen Kranich verloren

Er ging verloren, weil
Der Schnee vorm Hause stob,
Er ist verschwunden, weil
Sich meerwärts Wind erhob.

Gefunden hat sich wohl
Hoch oben ein Gefährte,
Da seit drei Nächten er
Nicht heim zum Käfig kehrte.

Sein Ruf, unhörbar hier,
In blauen Wolken hallt,
Und in den hellen Mond
Eintauchte die Gestalt.

In meinem Haus und Zimmer
Wer aber wird fortan
Noch als Gefährte bleiben
Bei einem alten Mann?

Ein Sommertag

Im Fenster östlich
Die frische Helle,
Der Wind weht nördlich
Kühl vor der Schwelle.

Ob sitzend, ob liegend
Tagsüber – immer
Bleibe ich drinnen
Im gleichen Zimmer.

Drinnen im Herzen
Nichts hält mich fest,
Gleich dem, der hinausgeht
Und alles verläßt.

Wie mir zumute ist

Die Blüte fällt wie Schnee. Mein Scheitel ist bereift von
    weißem Schimmer.
Verwirrt starr ich die Blüte an. Die Schwermut mehrt sich
    immer.
In meiner Jugend habe ich von Ruhm geträumt,
Der Jugend Übermut darob versäumt.

Die Jahre drehn sich wie ein Rad. Der Frühling bleibt nur
    kurze Weile.
Die Stunde teilt sich und die Qual der Nacht ist ohne Eile.
Im gleichen Jahr geboren wohl wie Tsui und Liu
Bin ich doch älter als die Freunde. Sagt, wie ging das zu?

Mit sechsundsechzig Jahren

An siebzig Jahren fehlen mir noch vier.
Lohnt sichs, von diesem Leben noch zu sprechen?
Die Trauer sucht mich heim bei fremdem Tod,
Und wiederum frohlocke ich: Noch atm ich hier.

Wie kann man schwarz das Haupthaar sich bewahren?
Was ist zu tun, daß nicht das Aug sich trübt?
Von den Gefährten blieben Seelentafeln,
Indessen Knecht und Magd Urenkel wachsen sehn.

Im magern Kreuz drückt wie Metall die Schwere,
An den verfallnen Schläfen häuft sich Schnee.
Was tu ich, wenn sich die Gebrechen mehren?
Zeit ists, daß ich mich anvertrau dem Tor der Leere.

Aufenthalt im abgelegenen Kloster

Von Namen, aber alt und nicht bemüht mehr um Karriere,
Sucht ich die Ödnis statt des Amtes Last.
Krank und voll Trägheit, ließ ich Haus und Garten
Und wählt ein abgelegnes Kloster mir zur Rast.

Ein Bastkleid tausch ich ein für Spang und Ohrgehänge,
Ein Knotenstock ersetzt mir Pferd und Wagen.
Ich geh und bleib, und keiner, der mich zwänge.
So reinigt sich der Leib, ich fühl es mit Behagen.

Am Morgen wandl' ich südlich auf die Höhen,
Nachts ruh ich bei der Klause unterwärts.
Die tausend Dinge, die die Menschenwelt bewegen,
Berühren nicht mein Herz.

WANG YÜ-DSCHENG, UM 983
NÖRDLICHES SUNG-REICH, 960–1127

Ich treibe auf dem Wu-Sung-Fluß

Schräg fällt die Sonne durch den dünnen Binsenschleier.
Mit meinem Lied allein bin ich den halben Tag.
Noch setzte ich nicht über. Nur ein Reiher
Ist da, der wohl, was mich bewegt, verstehen mag.
Dem Boote gegenüber kann ich ihn durchs Fenster sehen,
Wie er von Zeit zu Zeit sich reckt auf seinen Zehen.

Dieser Winter

Daß ich mit meinem Amt mich nicht beschwere,
Fahr hin, o blauer Dunst der Karriere!

Denn einmal will ich endlich überlegen,
Im Winter meinen kranken Leib zu pflegen.
Am Fenster, weiß und mit Papier verklebt,
Hör ich den Ton, wie Schnee hesrniederschwebt.
Das Feuer, sieh, im roten Ofen brennts,
Als wär mir eigens aufbewahrt der Lenz.
Ich rühre das Gebräu, das in der Kufe gärt,
Ameisengleich in Bläschen aufwärts fährt.
Der Bach im Tal beliefert meinen Tisch,
Die weißen Schuppen schab ich ab dem Fisch.
Und obendrein: es war ein gutes Jahr,
Da wird die Arbeit in den Ämtern rar,
Und Landrat, Kreisbeamter, Sekretär,
Die ähneln Tagedieben alle sehr.

OU-YANG HSIU, 1007—1072
NÖRDLICHES SUNG-REICH, 960—1127

Sandsturm

Der Nordwind treibt den Sand,
Weithin liegt gelb das Land.
Auf steinigem Grunde trabt mein Pferd.
Von Trauer wird mein Herz verzehrt.

Im Winter jedem Ding
Ansehn und Farb verging.
Bei strahlender Sonne wachsen weiß
Kristallne Nadeln aus Schnee und Eis.

An hundert Tagen jährlich sind
Verstaubt die Wege unterm Wind.
Wie hielte sich da das Rot der Wangen,
Wie sollten Gesichter in Schönheit prangen?

Ich faß den Sattelknauf,
Peitsch an mein Pferd zum Lauf.
Im zweiten Monat erst macht das Jahr
Die Blumen blühen, den Reiswein gar.

An einen Gesandten, der nach Norden ging

Von Han gesandt bist du nach Yu und Yän gegangen,
Die Länder windverweht und dunstverhangen.
Durch die Gebirge, über Flüsse trugest du
Das Zeichen deines Auftrags fernen Zielen zu,
Im Grenzzelt müßig weilend vor dem Übertritt,
Schalmeienklang beschleunigte den Ritt.
Zum Monde zielen die geschnitzten Bogen,
Im Frostwind wird der Fächer vors Gesicht gezogen.
Der Gastfreund löst, wo du geweilt zur Rast,
Das Schwert vom Ring und schenkt es seinem Gast.
Du hörst der Trommeln und der Hörner Schall
Den Wolken nahe auf dem Festungswall.
Dicht unterm ewigen Schnee grast Schaf und Rind,
Um hohe Zelte pfeift des Nordens Wind.
Im Becher ist der Reiswein kalt wie Eis,
Doch macht er deine Wangen rot und heiß.
Erst wenn im Felsgeröll sprießt dünnes Gras,
Das Frühlingsgrün der Ulmen füllt den Paß,
Erst wenn die Wildgans sich nach Norden wandte,
Kehrt endlich heim nach Süden der Gesandte!

Das japanische Schwert

Weit ist der Weg zu den Kun-i-Barbaren und schwierig die
 Rückkehr.
Edelsteine zu schneiden verstünden sie, wie man
 berichtet.
Kürzlich ein kostbares Schwert zu uns gelangte von
 Nippon,
Aus dem Osten des Meers von einem Händler erworben.
Duftendes Holz ist die Scheide, von Fischhaut zum
 Schmuck überzogen,
Bronze und Argentan verzieren es golden und silbern.
Hundert Unzen zahlte ein Liebhaber, der es nun anlegt,
Weils ihm geeignet scheint, Spuk und Unheil zu wehren.

Große Inseln bewohnt jenes Volk, so wird uns berichtet,
Fruchtbar trage der Boden, es herrsche Zucht und
 Gesittung.
Einst mit der Kunde vom Elixier des Lebens betörte
Hsü Fu das Volk von Tjin und führte Kinder nach Japan,
Aber so lang, daß zu Greisen sie wurden, ist er geblieben.
Handwerker aller Art und Bauern sind mit ihm gefahren,

Schön und kunstvoll stellt man noch heute Geräte und
 Schmuck her.
Häufig kamen früher Gesandte, Tribut zu erstatten,
Und in gewähltem Stil sprachen und schrieben
 Gelehrte.
Hsü Fus Reise war vor der großen Bücherverbrennung.

Hundert Bände sind dort von verlorenen Schriften
 erhalten,
Strenge Erlasse verbieten jedoch, sie nach China zu
 schicken.
Niemanden gibts im Land, der die alte Sprache verstünde.

Früherer Herrscher Gesetz wird aufbewahrt von
 Barbaren,
Und die Weite des Meeres hindert den Zugang zu ihnen.
Dieser Gedanke rührt manchen zu Tränen. Indessen das
 Kurzschwert,
Rauh geworden vom Rost, verdient kaum, daß mans
 erwähne.

WANG AN-SCHÏ, 1021–1086
NÖRDLICHES SUNG-REICH, 960–1127

Dank an Mëng-Dsï

Zerfallner Leib, entschwebter Geist –
Kein Ruf kann ihn erreichen.
Liest du das Buch, das er uns ließ,
Siehst du sein wehend Zeichen!

Mag ihn bekritteln auch die Welt,
Umständlich schreibe er und breit –
Daß es ihn gegeben hat,
Tröstet meine Einsamkeit.

SU SCHÏ (SU DUNG-PO), 1036–1101
NÖRDLICHES SUNG-REICH, 960–1127

Frühlingsnacht

Eine Viertelstunde
Der Frühlingsnacht –
Gold, was wäre es mir wert
In dieser Nacht!

Die dunklere Welt
Webt im Monde.
Reiner der Blumen Hauch
Unter dem Monde.

Vom Balkone hernieder
Ein Flötenlied.
O zarter Klang
Im nächtlichen Lied!

Und immer schwingt
Die Schaukel im Hofe.
Tief, tief die Nacht
Im dunklen Hofe.

Ich sehe auf nächtlicher Fahrt die Sterne

Der Himmel hoch, der Nachthauch feierlich.
Sternbilder, dicht wie Wald, gereiht auf hohen Rängen.
Die großen Lichter eins zum andern strahlen,
Die kleinen wirbelnd durcheinander drängen.

Die Welt, in der wir sind, beherbergt nichts,
Worin man sie dem Himmel kann vergleichen.
Nach Brauch der Menschen mag man ihn benennen,
Wie jedem Ding man Namen gab und Zeichen:

Das Sieb im Süden und im Nord den Scheffel.
Wer wird am Himmel Sieb und Scheffel kennen?
Wer braucht dort oben unser Hausgerät?
Und doch fällt es uns ein, die Sterne so zu nennen.

Wer ihnen näher wäre, wüßt ihr Was und Wie.
Die Ferne läßt sie unsern Dingen gleichen.
Das Unbegreifliche, es klärt sich nie
Und macht, daß bange Seufzer meiner Brust entweichen.

Wasserrosen
(Nach einem Bild)

Den Herbstwald fegt ein frischer Wind.
Das Wasser aus den Tümpeln verrinnt.
Flußuferwärts die Wasserrosen,
Von Wellen gewiegt, die Wellen liebkosen.
Halt Rast und sieh, wie der Herbst sie greift,
Daneben die dorrenden Astern bereift.
Die zarten Gesichter anmutig sich neigen,
Als mühten sie sich, ein Lächeln zu zeigen.
Doch ungerührt von der lieblichen Trauer
Naht ihnen die Kühle mit fröstelndem Schauer.
Wie den Mädchen, die warteten lange Zeit,
Daß einer in ihrer Armut sie freit:
Wie sind die spät Vermählten erschreckt,
Wie bald sie die ersten Falten entdeckt!

Wer malte dies Bild der Vergänglichkeit?
Den »Holzfäller« hat er sich selber genannt,
Als der »Alte von Djiän-nan« ist er bekannt.

Fröhliche Gesellschaft im Garten des Einsiedlers

Da goldgelb sich die Aprikosen färben,
Der Weizen reift,
Und um die jungen Bambussprossen
Der flüggen Elster Kralle greift,

So wollen wir, der heitren Welt Genossen,
Dem frommen Mann zur Qual,
Mit unsern Schönen auf geschmückten Rossen
Durchstreifen Berg und Tal.

»Die Kanne her!« so meint der Tihuvogel.
Wie oft hat ers geschrien!
Doch endlich ist der Ruf des Kuckucks lauter,
Der mahnt, nach Haus zu ziehn.

Ist erst der Wein getrunken, und die Gäste
Zerstreuen sich durchs Tor,
Wie wird es still! Das letzte Licht der Sonne
Bricht durch die schüttern Bäume schräg hervor.

Trunkenheit

Es gibt Wege, schwer zu gehen.
Nur der Trunkne erkennt sie.
Es gibt Worte, schwer zu sprechen.
Nur der Schlafende nennt sie.

Zwischen diesen Steinen
Ruht trunken der Meister im Sand.
In grauer Vorzeit gab es keinen,
Der dies als Weisheit erkannt.

Unser kleiner Sohn

Mein kleiner Sohn, er weiß noch nichts von Kummer.
Wo ich auch geh und steh, streicht er um mich herum.
Doch möchte ich den Kleinen schelten drum,
Mahnt meine Frau: »Er ist halt noch so dumm.
Doch ist er dumm, so ists bei dir noch schlimmer:
Was brummst du und bläst Trübsal immer?«
Ich setze mich, beschämt durch dieses Wort.
Sie fährt gelassen mit dem Abwasch fort.
Wie anders ist sie doch als Liu-lings Weib, das flennte
Und dem Poeten geizig seinen Wein mißgönnte!

Mein Freund Ma

Freund Ma, von jeher so gelehrt wie arm,
Hat sich an mich gehängt seit zwanzig Jahren
Und wartet Tag und Nacht auf meinen Ruhm,
Damit er, um sich einen Berg zu kaufen,
Das Geld von mir entleihen kann. Ich selber,
Ich wünschte dieses Brachfeld mir zu pachten.
Wenn man vom Schildpatt Haare scheren will,
Wann hätte man genug für einen Teppich?
Ach, armer Ma, wie groß ist deine Einfalt!
Stets preist er mich als tugendhaft und weise,
Und ob auch alles lacht, er bleibt dabei,
Daß eins geschenkt bringt tausendfach Gewinn.

Das Kuangtung-Mädchen

Keinen festen Platz auf dem Markt hat das Mädchen aus Kuangtung,
Wo es ihr grade gefällt, stellt ihre Körbe sie auf.
Drei oder viermal am Tage verändert sie manchmal den Standort.
Überall bietet zum Kauf Krabben sie an und Fisch.
Indigoblau ist ihr Rock, sie trägt keinen Strumpf an den Füßen.
Ach, wie übel sie riecht! Wie Affen riechen und Meerkatz!
Wer aber ist so vermessen, die Art ihres Landes zu schelten?
Wuchs doch in Bo-dschou einst Lü-dschu, die schöne, auf!

Mein Sophorabaum

Oh als ich kam zum ersten Mal,
War Gras und Baum verdorrt und fahl.
Die Sophora dem Herbst zum Trotz hob ihr Geäst
Und späte Grillen klammerten an ihrem Blatt sich fest.
Wieviel sind tot, wieviele noch am Leben?
Ich sehe da und dort die schlaffen Hülsen schweben.
Die Krähe friert, die auf dem Zweige lungert,
Krächzt ihre Klage, pickt im Schnee und hungert.
Zerbrochen hängt ein Nest am leeren Ast.
Der Mond, abnehmend, schwebt, ein trüber Gast.
Hat nicht ihr Schwingenpaar zum Flug die Krähe?
In Gram und Ende harrt sie aus in meiner Nähe.

Verwehendes Nichts

Verwehendes Nichts:
Die Spinne, die am bemalten Vordach ihr Netz webt,
Die Brücke über die Milchstraße, von Elstern gebaut,
Die staubbefleckten Blätter des Ölbaums im Regen,
Die reifbeflogenen Zweige der Weiden im Wind,
Der Rest von gefrorenen Tautropfen zur Morgenröte,
Verbleichendes Sternenlicht am blauen Gewölbe des
    Himmels,
Verwehendes Nichts
Und fester doch als der flüchtige Ruhm.

Verwehendes Nichts:
Die Blüte, die davonfliegt und den Boden nicht mehr
    berührt,
Der Regenbogen, der wie eine Brücke sich wölbt,
Im Traum geschaute Wolken übereinander
    geschichtet,
Im leeren Raume tausendfädig Altweibersommer,
Fata morgana hoch über dem grünen Meer,
Schriftzeichen, von Wildgänsen in den karmesinroten
    Himmel geschrieben,
Verwehendes Nichts
Und fester doch als das Leben des Menschen.

Verwehendes Nichts:
Der Sturm, der kalt über den Schaum der Wogen
　　　dahinfährt,
Ein Frühjahrsgewässer, das die Eisbrücke taut,
Die zögernd wie in Fäden herabfallenden Tropfen,
Der raschelnde Ton des Laubes, das niedersinkt,
Die Spur der Regentropfen auf dem Wasser des Flusses,
Die bunten Wolken, vom Wind getrieben am blauen
　　　Gewölbe des Himmels –

Verwehendes Nichts
Und fester doch als Reichtum und Ehre.

Der Wassermann

Versäumt hat er die Jahre
Im Brunnen und ist ergraut
Im Haus aus weißem Sande
Und grünem Stein gebaut.

Der Alte läßt keine Fährte,
Taucht er hinab und hervor,
Nur zum Wasserspiegel
Steigen Blasen empor.

Was sollte noch er und die Welt
Miteinander zu schaffen haben?
Doch manchmal und ohne Grund
Erschreckt er die Hirtenknaben.

Kleidete er sich wie alle
Und machte ein andres Gesicht,
Die Welt und er hätten Ruhe,
Und man kennte den Alten nicht.

Zu Beginn des Jahres

Der achte Tag ergraut in Regen,
seit zwei Wochen trauert der Frühling so.
Du siehst nur Wasser strömen, siehst, daß die Felder grün
    werden,
Blüten sind schwer von Regen und fallen ab.
Auch die Menschen verschwanden. Nur auf dem Flusse
erschrecken Kraniche vor einem einsamen Kahn.
Ich fühle mich verlassen, nur eines liebe ich hier:
abends die Feuer am Fluß.

Elegie des Dichters

Die großen Gesänge sind vor mir gewesen,
Schi King und Kiü-Yüan.
Und konnte auch ich
etwas sagen, was jenen glich:
ach, auch dann ist es gewesen.
Gewesen, als noch das Blut den Liedern glich,
fremdgeworden mit dem trägeren Fließen in den Adern.
Ich trage mich müde umher.
Was mich noch bewegt, ist:
das Warten auf einen schönen Herbsttag,
das Betrachten der Wolken und der Landschaft
und das Gedenken alles Früheren.

Wiederaufsuchen vertrauter Orte

O diese Felder bringen mir Erinnerung,
der Mond steht wieder über den östlichen Hügeln,
die Winde sind mir bekannt aus vielen Abenden.
Wann lebte ich hier? Ich bin ein Greis,
mein Herz ist grau wie mein Haar.
Ich sehe traurig auf die östlichen Hügel,
auf denen der Mond steht, halb und schräg.

Der Herbst

Sieh, es ist Herbst, denn in die Flamme
stürzen die Falter nicht mehr,
Kälte und Regen gibt uns die Nacht,
ach, mehr gibt sie uns nicht.
Denn auch das Blut ward trübe und alt
und die Worte der Liebenden
tönen nicht mehr,
es ist, als wäre auch das für immer gestorben.
Ward nicht schon grau das Haar,
grau wie der Nebel, der die Sterne verdeckt?
Ich glaube nicht an den Frühling,
es wird nur noch Herbst geben für mich,
und der Winter wird mich mit Eis bedecken.
Ach, ich träume schon meinen Tod voraus,
wie ein Baum, der trauernd sein Laub abwirft.

Die unsterbliche Schönheit

Dichter sprachen vor mir,
seit Jahrhunderten besangen sie die Liebe.
Aber mir scheint, die Lieder alle
gelten nur dir, die du eben lebst.
Die Weiden, die über das Wasser hängen –
und im Teich spiegelt sich dein Gesicht.

Denn wie konnten sie vorübergehen
an dir, da du vollkommen bist!
Sie alle kannten dich, du Verwandlung
des immer gleichen Bildes.
Der Mond, der über die Sträucher scheint –
wie schön ist dein Auge!

Blick über den dunklen Fluß

Die Lampe, die spät noch brennt,
ich kenne sie von vielen Abenden,
wo ich hinübersah ans andere Ufer.
Der Fluß rauscht und rauscht.

Sind es Bücher und Schriftzeichen unter dem Licht?
Sind es die Worte der Liebenden?
Sind es die Gebärden des Kummers oder der Freude?
Der Fluß rauscht weiter unter den Sternen.

Wie die Insekten, die um die Lampe schwirren,
ergreift mich die Begierde nach diesem Licht,
die sinnlose Begierde, darin zu verbrennen.
Und es steigt und steigt die Flut des Flusses.

Die Grille

Feyoschan, die Freundin, o wie jung ist sie –,
sie hob in den Abend ihr Gesicht,
in die beginnende Dämmerung:
»Hörst du, wie die Grillen singen?«

O Feyoschan, wie jung du bist!
Ich höre die Grillen nicht mehr,
ich horche in die Wiesen an den Abhängen des Sees,
mein Ohr ist so alt wie mein Herz.

Feyoschan, wie schön du bist,
ich sage dir, daß ich die Grillen höre,
ich sage dir nicht, daß ich alt bin.
Gib mir die Hand, die so jung ist und warm!

Verbannung

In den kalten Gemäuern wohnt der Mondschein und
 wohnen die Ratten,
das feuchte Licht des Herbstes macht mich krank und
 traurig.
Was ich höre, ist die ewige Melodie des Flusses,
er stürzt zwischen den Felsen hinab, nahe seiner Quelle.
So weit aufwärts mußte ich gehen.
Entfernt ist jede menschliche Stimme.
Ich höre sie nur, wenn der Bote kommt, der das kärgliche
 Essen mir bringt.
Wie selten kommt er! Ach brächte er einmal die
 Nachricht,
daß ich zurückkehren kann in meine Heimat.
Der Fluß rauscht, und die Ratten pfeifen im Gemäuer.
O alter Mond des Herbstes, immer bist du bei mir,
 Gefährte!

Gang durch ein nächtliches Haus

Keine Lampe, die mich geleitet,
aber jeder Schritt ist mir im Dunkeln bekannt,
ach, wie die große Landschaft der Heimat
mit Berg und Ebene, Fluß und Gewölk.

In die Kälte der winterlichen Zimmer
trete ich, und wie Schnee fühle ich unter mir den Staub;
die erste Spur, die in diese Verlassenheit führt,
sie geht hin und her, suchend und wie die eines
    Betrunkenen.

Ach, alles ist mir bekannt und alles ist fremd.
Tisch und Schrank haben mich vielleicht schon
    vergessen,
allzulange war ich von ihnen entfernt.
Aber ich, ich kenne sie noch alle, und ich muß meine
    Augen zuhalten, daß ich nicht weine.

Rast in einem alten Kloster

Leg dich hier ins Gras, dann wirst du spüren,
wie die Berge langsam zu dir kommen,
und der große Strom rauscht nahe.
Nachts ist dir der Mond Vertrauter,
und wo aus den Mauern Sträuche blühen,
hängen Sterne. Du bist ganz im Zauber
einer alten und verfallenen Landschaft.

DSCHANG LE, 1052–1112
NÖRDLICHES SUNG-REICH, 960–1127

Improvisation an einem Wintertag

Selig vertieft in sein Buch hat mein Kleinster die Blätter
Vollgeschrieben, als hätte genistet darauf eine Krähe.
Fröstelnd stellte mein Ehegespons ihr Spinnrad beiseite,
Setzte sich nah an die Tür und spielt ein Lied auf der Laute.
In meiner Kanne hab ich zur Herberg ein geisterhaft
    Wesen,
Heiter malts in die Luft etwas wie rosa Gewölk,
(– unternimms, nach drei Bechern noch grade zu stehen! –)
In das erstarrte Gesicht zaubert es Frühlingsglanz.

HUNG DJÜÄ-FAN
NÖRDLICHES SUNG-REICH, 960–1127

Die Schaukel

An bemalten Pfosten hängen
Schräg die blauen Seile,
Frühlingsspiel dem jungen Mädchen
Vor dem kleinen Haus.

Flatternd hebt der rote Rock sich,
Übern Boden fegt er,
Dann fliegt auf das zarte Wesen,
Fährt ein Mensch zum Himmel.

Auf die bunte Schaukelleiste
Regnen rote Blüten,
Und die seidnen Seile wehen
In der Weiden grünem Schleier.

Hat die Schaukel ausgeschwungen,
Bleibt gelassen stehn die Schöne,
Und sie scheint mir überirdisch,
Eine Fee, vom Mond vertrieben.

YANG WAN-LI, 1124–1206
SÜDLICHES SUNG-REICH, 1127–1279

*Ich sehe meinen kleinen Sohn im Spiel
den Frühlingsochsen schlagen*

Wie er den Frühling zu schlagen gelernt vom würdigen
  Alten,
Peitscht mein Söhnchen zuerst den Kopf des tönernen
  Ochsen.
Gelb sind die Hufe des gelben Ochsen und weiß seine
  Hörner,
Grün der Grashut des Hirtenknaben im schilfenen
  Mantel.
Heuer regte das Erdreich dank dem Regen sich fruchtbar,
Anders als das vergangene Jahr ist uns dieses voll
  Frohsinn.
Über die Ernte freut sich mein Sohn: er braucht nicht zu
  hungern.
Über die Ernte grämt sich der Ochs: sie macht ihn nicht
  fetter.
Sieh, wie die Weizenähren sich ballen, so kräftig wie
  Ruten,
Vollends der Reis: wie Perlen füllen die Körner den
  Scheffel.
Und nach dem großen Feld bestellt man sogar noch das
  Bergland
Fügen muß sich der gelbe Ochs: wann hätte er Ruhe?

LU YU, 1125–1209
SÜDLICHES SUNG-REICH, 1127–1279

Mücken, Wasserjungfer, Spinne

Die Mücken, zarteste Wesen,
Kennen die Zeit,
Weissagen den Frühlingswind,
Der den Regen zerreißt.

Libellen, die Luft erfüllend,
Wissen es nicht,
Einmal ausgeflogen
Haben sie keine Stunde der Rückkehr.

Fröhliche Wasserjungfer,
Auf und nieder schwebend,
Noch sind Mücken genug dir zur Beute,
Der Hunger kümmert dich nicht.

Die Spinne am Dachrand vorn,
Sie wartet deiner.
Fäden speiend webt sie ihr Netz,
Ihr Bauch gleicht der Pauke.

Vogelruf

Es braucht der Landmann den Kalender nicht,
Im Vogelruf kennt er die Jahreszeiten.
Im zweiten Mond hört er den Ziegenmelker:
Daß er sich mit dem Pflügen nicht verspäte.
Im dritten Mond hört er den Goldpirol:
Erbarm dich, Frau, die Seidenraupen hungern.
Im vierten Mond hört er den Kuckuck rufen:
Die Raupen kriechen auf das Spinngestell.
Im fünften Mond hört er die Stare schwatzen:
Die Saat ist zart. Daß nicht das Unkraut wuchre!
Man sagt, der Landmann habe es beschwerlich.
Bald möcht er Sonnenschein, bald möcht er Regen.
Was ihm Vergnügen macht, wer kann es wissen?
Er plagt sich um Beamtenwürde nicht.
Hat er ein hanfnes Hemd und Reis und Weizen, reicht es ihm.
Und auf dem kleinen Markte geht der Wein so weich wie Öl ein.
Gar manche Nacht muß man dem schwer Bezechten heimwärts helfen.
Er fürchtet nicht, dem Offizier der Wache zu begegnen.

Ein Mädchen vom Lande

Das Mädchen mit den zwei Zöpfen, das am Flußufer
 wohnt,
Immer hängt sie an der Mutter, holt Maulbeerblätter und
 Hanf herbei,
Vor der Tür hört man nachts das Klappern ihres
 Webstuhls,
Über Bohnenstroh kocht sie auf irdenem Herde den
 ländlichen Tee.

Wenn sie groß ist, wird sie einem Nachbarn zur Frau
 gegeben,
Keinen Wagen braucht man zum hölzernen Tor
 gegenüber.
Ihr blauer Rock und ihr Bambuskorb ist ihr kein Grund
 zum Seufzen,
Prächtig schmückt sie mit Windenblüten die Zöpfe.

Ihr, schöne Mädchen der Stadt, deren Gesicht ist wie
 Morgenrot,
Sehnt euch nach Glanz und Ehre und lauft um die Wette
 nach einem Beamten als Mann.
Auf blaugeschmücktem Rappen reitet ihr ans Ende der
 Welt.
Jahr um Jahr im Frühling ergreift euch die Wehmut, und
 ihr nehmt die Laute zur Hand.

Herbstwind

Heulend beugt der Sturm die Bäume,
Fegt durch Hof und Tor.
Solche Stimmen, wo vernahm sie
Je ein Menschenohr?

Morgens, wenn das Wehr sich öffnet
Der gestauten Flut,
Nachts, wenn Krieger heim ins Lager
Reiten rot von Blut.

Müßig lehnend am geschweiften
Tische lausch ich lang.
Nicht gelingt mir, auf den Saiten
Nachzuahmen diesen Klang.

Daß die Hitze wich der Kühle,
Soll dich, Freund, nicht freuen!
In dem Wechselspiel des Jahres
Wird sich Eis und Glut erneuen.

FAN TSCHËNG-DA, 1126–1193
SÜDLICHES SUNG-REICH, 1127–1279

Sommerliche Freuden auf dem Lande

An den Webstuhl Nacht für Nacht
Muß die junge Frau.
Der Schultheiß treibt die Steuern ein
Eilig und genau.

Daß es am Maulbeerbaum genug
Hat heuer Laub gegeben,
Welch Glück! Es reicht die Seide noch,
Ein Sommerkleid zu weben.

DSCHU HSI, 1130–1200
SÜDLICHES SUNG-REICH, 1127–1279

Gedanken beim Betrachten eines Buchs

Gestiegen ist der Strom vor Tag,
Von der Frühlingsflut erreicht.
Ein schweres Schiff, das aufgeworfen lag,
Es gleitet wie ein Haar so leicht.

Umsonst war alles Mühn bisher, die Last
Fortzubewegen.
Heut schwimmt es, von der Strömung neu erfaßt,
Leicht seinem Ziel entgegen.

DAI FU-GU, ZWISCHEN 1195 UND 1264
SÜDLICHES SUNG-REICH, 1127–1279

Kurze Rast am Ufer

Ich lege den Nachen
An unter Weidengezweig.
Heiter wird mir empor
Zum Teehaus der Steig.

Einen mongolischen Mönch –
Sonst fand ich niemanden dort.
Ich suchte kein Mädchen
An jenem Ort.

Der Berg ruht in sich selber,
Die Wolke eilt:
Sand, der sich sammelt,
Wasser, das sich teilt.

Ich trinke allein,
Den Blick uferwärts.
Die weißen Möwen
Kennen mein Herz.

Inhalt

Auf einer Flußfahrt geschrieben	9
Klage	13
Ein Dorf am Flusse We	17
Buddhistisches Kloster	18
Am Feiertag im neunten Mond der Brüder daheim gedenkend	19
Dem Gouverneur Yüan Örl zur Fahrt nach Ostturkestan	20
Für Tschau, als er nach Japan zurückkehrte	21
Im Hirschpark	23
Im Bambuswald	24
Nachtgedanken	27
Allein auf dem Djing-ting-Berg	28
Leuchtkäfer	29
Nachts ankere ich am Büffelsand und denke an die Männer der Vorzeit	30
Bootfahrt auf dem Dung-ting-See	31
Nanking	32
Blick von der Terrasse	33
Abschied in der Weinschenke	34
In der Verbannung	35
Einem Freund zum Geleit auf die Fahrt nach Schu	36
Abschied für Mëng Han-jan im Haus »Zum Gelben Kranich«	37
Ein Lebewohl	38
An einem Frühlingstag betrunken erwachen	39
Einsamer Trunk unter dem Mond	40

Die Frauen von Tschang-an im Kriegsherbst	41
Die Hunnen und der Reiter auf dem Tatarenpferd ...	42
Lied vom Zug zu Feld im Norden	44
Nach der Schlacht	46
Herbstliches Gedenken	47
Eine Geliebte des Kaisers	48
Die Eifersüchtige	49
Spiegelbild	50
Bei sinkender Sonne	53
Am reinen Strom	54
Landschaft	55
Mahlzeit im Freien	56
Wein trinkend am Mäander-See	57
Das Pferd des Prokonsuls	59
Die Wäscheklopferin	61
In einer Mondnacht an die Brüder denkend	62
Freunde in der Not	63
Fremde	64
Der Turm am Dung-ting-See	65
Bessere Herren	69
Herbsttag	70
Mein Leben	71
Das Amtshaus	72
Trennung	73
Rückkehr zum alten Hause am We	74
An den Mönch im abgelegenen Kloster	76
Vorfrühling am Mäander-See	77
Freude am Regen	79
Als ich auf dem Pferde einschlief	81
Frühling am See	82

Ich habe meinen Kranich verloren	83
Ein Sommertag	84
Wie mir zumute ist	85
Mit sechsundsechzig Jahren	86
Aufenthalt im abgelegenen Kloster	87
Ich treibe auf dem Wu-sung-Fluß	91
Dieser Winter	92
Sandsturm	95
An einen Gesandten, der nach Norden ging	96
Das japanische Schwert	97
Dank an Mëng-dsï	101
Frühlingsnacht	105
Ich sehe auf nächtlicher Fahrt die Sterne	106
Wasserrosen	107
Fröhliche Gesellschaft im Garten des Einsiedlers	108
Trunkenheit	109
Unser kleiner Sohn	110
Mein Freund Ma	111
Das Kuangtung-Mädchen	112
Mein Sophorabaum	113
Verwehendes Nichts	114
Der Wassermann	116
Zu Beginn des Jahres	117
Elegie des Dichters	118
Wiederaufsuchen vertrauter Orte	119
Der Herbst	120
Die unsterbliche Schönheit	121
Blick über den dunklen Fluß	122
Die Grille	123
Verbannung	124

Gang durch ein nächtliches Haus	125
Rast in einem alten Kloster	126
Improvisation an einem Wintertag	129
Die Schaukel	133
Ich sehe meinen kleinen Sohn im Spiel den Frühlingsochsen schlagen	137
Mücken, Wasserjungfer, Spinne	141
Vogelruf	142
Ein Mädchen vom Lande	143
Herbstwind	144
Sommerliche Freuden auf dem Lande	147
Gedanken beim Betrachten eines Buches	151
Kurze Rast am Ufer	155

Bibliothek Suhrkamp

Verzeichnis der letzten Nummern

478 Theodor Haecker, Tag- und Nachtbücher
479 Peter Szondi, Satz und Gegensatz
480 Tania Blixen, Babettes Gastmahl
481 Friedo Lampe, Septembergewitter
482 Heinrich Zimmer, Kunstform und Yoga
483 Hermann Hesse, Musik
486 Marie Luise Kaschnitz, Orte
487 Hans Georg Gadamer, Vernunft im Zeitalter der Wissenschaft
488 Yukio Mishima, Nach dem Bankett
489 Thomas Bernhard, Amras
490 Robert Walser, Der Gehülfe
491 Patricia Highsmith, Als die Flotte im Hafen lag
492 Julien Green, Der Geisterseher
493 Stefan Zweig, Die Monotonisierung der Welt
494 Samuel Beckett, That Time/Damals
495 Thomas Bernhard, Die Berühmten
496 Günter Eich, Marionettenspiele
497 August Strindberg, Am offenen Meer
498 Joseph Roth, Die Legende vom heiligen Trinker
499 Hermann Lenz, Dame und Scharfrichter
500 Wolfgang Koeppen, Jugend
501 Andrej Belyj, Petersburg
504 Juan Rulfo, Der Llano in Flammen
505 Carlos Fuentes, Zwei Novellen
506 Augusto Roa Bastos, Menschensohn
508 Alejo Carpentier, Barockkonzert
509 Elisabeth Borchers, Gedichte
510 Jurek Becker, Jakob der Lügner
512 James Joyce, Die Toten/The Dead
513 August Strindberg, Fräulein Julie
514 Sigmund Freud, Eine Kindheitserinnerung des Leonardo da Vinci
515 Robert Walser, Jakob von Gunten
517 Luigi Pirandello, Mattia Pascal
519 Rainer Maria Rilke, Gedichte an die Nacht
520 Else Lasker-Schüler, Mein Herz
521 Marcel Schwob, 22 Lebensläufe
522 Mircea Eliade, Die Pelerine
523 Hans Erich Nossack, Der Untergang
524 Jerzy Andrzejewski, Jetzt kommt über dich das Ende
525 Günter Eich, Aus dem Chinesischen
526 Gustaf Gründgens, Wirklichkeit des Theaters
528 René Schickele, Die Flaschenpost

Bibliothek Suhrkamp
Alphabetisches Verzeichnis

Adorno: Literatur 1 47
– Literatur 2 71
– Literatur 3 146
– Literatur 4 395
– Mahler 61
– Minima Moralia 236
– Über Walter Benjamin 260
Aitmatow: Dshamilja 315
Alain: Die Pflicht glücklich zu sein 470
Alain-Fournier: Der große Meaulnes 142
– Jugendbildnis 23
Alberti: Zu Lande zu Wasser 60
Anderson: Winesburg, Ohio 44
Andrić: Hof 38
Andrzejewski: Appellation 325
– Jetzt kommt das Ende über dich 524
Arghezi: Kleine Prosa 156
Artmann: Gedichte 473
– Husaren 269
Asturias: Legenden 358
Ball: Flametti 442
– Hermann Hesse 34
Barnes: Antiphon 241
– Nachtgewächs 293
Baroja: Shanti Andía, der Ruhelose 326
Barthelme: City Life 311
Barthes: Die Lust am Text 378
Baudelaire: Gedichte 257
Bayer: Vitus Bering 258
Becher: Gedichte 453
Becker: Jakob der Lügner 510
Beckett: Erste Liebe 277
– Erzählungen 82
– Glückliche Tage 98
– Mercier und Camier 327
– Residua 254
– That Time/Damals 494
– Verwaiser 303

– Wie es ist 118
Belyj: Petersburg 501
Benjamin: Berliner Chronik 251
– Berliner Kindheit 2
– Denkbilder 407
– Einbahnstraße 27
– Über Literatur 232
Benn: Weinhaus Wolf 202
Bernhard: Amras 489
– Der Präsident 440
– Die Berühmten 495
– Die Jagdgesellschaft 376
– Die Macht der Gewohnheit 415
– Ignorant 317
– Midland 272
– Verstörung 229
Bibesco: Begegnung m. Proust 318
Bioy-Casares: Morels Erfindung 443
Blixen: Babettes Gastmahl 480
Bloch: Erbschaft dieser Zeit 388
– Schiller 234
– Spuren. Erweiterte Ausgabe 54
– Thomas Münzer 77
– Verfremdungen 1 85
– Verfremdungen 2 120
– Zur Philosophie der Musik 398
Block: Sturz 290
Böll: Geschichten 221
Bond: Lear 322
Borchers: Gedichte 509
Brecht: Die Bibel 256
– Flüchtlingsgespräche 63
– Gedichte und Lieder 33
– Geschichten 81
– Hauspostille 4
– Klassiker 287
– Messingkauf 140
– Me-ti 228
– Politische Schriften 242
– Schriften zum Theater 41

- Svendborger Gedichte 335
- Turandot 206
Breton: L'Amour fou 435
- Nadja 406
Broch: Demeter 199
- Esch 157
- Gedanken zur Politik 245
- Hofmannsthal und seine Zeit 385
- Huguenau 187
- James Joyce 306
- Magd Zerline 204
- Pasenow 92
Brudziński: Rote Katz 266
Busoni: Entwurf einer neuen Ästhetik der Tonkunst 397
Camus: Der Fall 113
- Jonas 423
- Ziel eines Lebens 373
Canetti: Der Überlebende 449
Capote: Die Grasharfe 62
Carpentier: Barockkonzert 508
- Das Reich von dieser Welt 422
Celan: Ausgewählte Gedichte 264
- Gedichte 1 412
- Gedichte 2 413
Césaire: Geburt 193
Cocteau: Nacht 171
Conrad: Jugend 386
Curtius: Marcel Proust 28
Döblin: Berlin Alexanderplatz 451
Duras: Herr Andesmas 109
Ehrenburg: Julio Jurenito 455
Eich: Aus dem Chinesischen 525
- Gedichte 368
- In anderen Sprachen 135
- Katharina 421
- Marionettenspiele 496
- Maulwürfe 312
- Träume 16
Einstein: Bebuquin 419
Eliade: Das Mädchen Maitreyi 429
- Die Sehnsucht nach dem Untergang 408

- Die Pelerine 522
- Mântuleasa-Straße 328
Eliot: Das wüste Land 425
- Gedichte 130
Faulkner: Der Bär 56
- Wilde Palmen 80
Fitzgerald: Taikun 91
Fleißer: Abenteuer 223
- Ein Pfund Orangen 375
Freud: Briefe 307
- Leonardo da Vinci 514
Frisch: Andorra 101
- Bin 8
- Biografie: Ein Spiel 225
- Homo faber 87
- Tagebuch 1946-49 261
Fuentes: Zwei Novellen 505
Gadamer: Vernunft im Zeitalter der Wissenschaft 487
- Wer bin Ich und wer bist Du? 352
Gadda: Die Erkenntnis des Schmerzes 426
- Erzählungen 160
Giraudoux: Simon 73
Gorki: Zeitgenossen 89
Green: Der Geisterseher 492
Gründgens: Wirklichkeit des Theaters 526
Guillén: Ausgewählte Gedichte 411
Habermas: Philosophisch-politische Profile 265
Haecker: Tag- und Nachtbücher 478
Hamsun: Hunger 143
- Mysterien 348
Hašek: Partei 283
Heimpel: Die halbe Violine 403
Hemingway: Der alte Mann 214
Herbert: Herr Cogito 416
- Im Vaterland der Mythen 339
- Inschrift 384
Hermlin: Der Leutnant Yorck von Wartenburg 381

Hesse: Briefwechsel m. Th. Mann 441
- Demian 95
- Eigensinn 353
- Glaube 300
- Glück 344
- Iris 369
- Knulp 75
- Kurgast 329
- Legenden 472
- Morgenlandfahrt 1
- Musik 483
- Narziß und Goldmund 65
- Politische Betrachtungen 244
- Siddhartha 227
- Steppenwolf 226
- Stufen 342
- Vierter Lebenslauf 181
- Wanderung 444
Highsmith: Als die Flotte im Hafen lag 491
Hildesheimer: Cornwall 281
- Hauskauf 417
- Lieblose Legenden 84
- Masante 465
- Tynset 365
Hofmannsthal: Gedichte und kleine Dramen 174
Hohl: Nuancen und Details 438
- Vom Erreichbaren 323
- Weg 292
Horkheimer: Die gesellschaftliche Funktion der Philosophie 391
Horváth: Don Juan 445
- Glaube Liebe Hoffnung 361
- Italienische Nacht 410
- Kasimir und Karoline 316
- Von Spießern 285
- Wiener Wald 247
Hrabal: Moritaten 360
Huchel: Ausgewählte Gedichte 345
Hughes: Sturmwind auf Jamaika 363
- Walfischheim 14
Humo: Trunkener Sommer 67

Inoue: Jagdgewehr 137
- Stierkampf 273
Iwaszkiewicz: Höhenflug 126
Jacob: Würfelbecher 220
James: Die Tortur 321
Jouve: Paulina 271
Joyce: Anna Livia Plurabelle 253
- Dubliner 418
- Giacomo Joyce 240
- Kritische Schriften 313
- Porträt des Künstlers 350
- Stephen der Held 338
- Die Toten/The Dead 512
- Verbannte 217
Kafka: Der Heizer 464
- Die Verwandlung 351
- Er 97
Kasack: Stadt 296
Kasakow: Larifari 274
Kaschnitz: Gedichte 436
- Orte 486
- Vogel Rock 231
Kästner: Aufstand der Dinge 476
- Zeltbuch von Tumilat 382
Kawabata: Träume i. Kristall 383
Kawerin: Ende einer Bande 332
- Unbekannter Meister 74
Koeppen: Jugend 500
- Tauben im Gras 393
Kołakowski: Himmelsschlüssel 207
Kolář: Das sprechende Bild 288
Kracauer: Freundschaft 302
- Ginster 107
Kraft: Franz Kafka 211
- Spiegelung der Jugend 356
Kraus: Nestroy und die Nachwelt 387
- Sprüche 141
Krolow: Alltägliche Gedichte 219
- Fremde Körper 52
- Nichts weiter als Leben 262
Kudszus: Jaworte 252
Lampe: Septembergewitter 481
Landolfi: Erzählungen 185
Landsberg: Erfahrung des Todes 371

Lasker-Schüler: Mein Herz 520
Leiris: Mannesalter 427
Lem: Das Hohe Schloß 405
– Der futurologische Kongreß 477
– Robotermärchen 366
Lenz: Dame und Scharfrichter 499
– Der Kutscher und der Wappenmaler 428
Levin: James Joyce 459
Llosa: Die kleinen Hunde 439
Loerke: Anton Bruckner 39
– Gedichte 114
Lorca: Bluthochzeit/Yerma 454
Lucebert: Gedichte 259
Majakowskij: Ich 354
– Politische Poesie 182
Mandelstam: Briefmarke 94
Mann, Heinrich: Die kleine Stadt 392
– Politische Essays 209
Mann, Thomas: Briefwechsel mit Hermann Hesse 441
– Leiden und Größe der Meister 389
– Schriften zur Politik 243
Marcuse: Triebstruktur 158
Maurois: Marcel Proust 286
Mayer: Brecht in der Geschichte 284
– Goethe 367
Mayoux: James Joyce 205
Michaux: Turbulenz 298
Miller, Henry: Lächeln 198
Minder: Literatur 275
Mishima: Nach dem Bankett 488
Mitscherlich: Idee des Friedens 233
– Versuch, die Welt besser zu bestehen 246
Musil: Tagebücher 90
– Törleß 448
Neruda: Gedichte 99
Nizan: Das Leben des Antoine B. 402
Nossack: Beweisaufnahme 49

– Der Untergang 523
– Interview 117
– Nekyia 72
– November 331
– Sieger 270
Nowaczyński: Schwarzer Kauz 310
O'Brien, Der dritte Polizist 446
Onetti: Die Werft 457
Palinurus: Grab 11
Pasternak: Initialen 299
– Kontra-Oktave 456
Pavese: Das Handwerk des Lebens 394
– Mond 111
Paz: Das Labyrinth der Einsamkeit 404
Penzoldt: Patient 25
– Squirrel 46
Perse: Winde 122
Piaget: Weisheit und Illusionen der Philosophie 362
Pirandello: Mattia Pascal 517
Plath: Ariel 380
– Glasglocke 208
Platonov: Baugrube 282
Ponge: Im Namen der Dinge 336
Portmann: Vom Lebendigen 346
Poulet: Marcel Proust 170
Pound: ABC des Lesens 40
– Wort und Weise 279
Proust: Briefwechsel mit der Mutter 239
– Pastiches 230
– Swann 267
– Tage der Freuden 164
– Tage des Lesens 400
Queneau: Stilübungen 148
– Zazie in der Metro 431
Radiguet: Der Ball 13
– Teufel im Leib 147
Ramuz: Erinnerungen an Strawinsky 17
Rilke: Ausgewählte Gedichte 184
– Das Testament 414
– Der Brief des jungen Arbeiters 372

- Duineser Elegien 468
- Gedichte an die Nacht 519
- Malte 343
- Über Dichtung und Kunst 409

Ritter: Subjektivität 379
Roa Bastos: Menschensohn 506
Roditi: Dialoge über Kunst 357
Roth, Joseph: Beichte 79
- Die Legende vom heiligen Trinker 498

Rulfo: Der Llano in Flammen 504
- Pedro Páramo 434

Sachs, Nelly: Gedichte 161
- Verzauberung 276

Sarraute: Martereau 145
- Tropismen 341

Sartre: Kindheit 175
Schadewaldt: Der Gott von Delphi 471
Schickele: Die Flaschenpost 528
Schmidt, Arno: Leviathan 104
Scholem: Judaica 1 106
- Judaica 2 263
- Judaica 3 333
- Walter Benjamin 467

Scholem-Alejchem: Tewje 210
Schröder: Der Wanderer 3
Schulz: Die Zimtläden 377
Schwob: 22 Lebensläufe 521
Seghers: Aufstand 20
- Räuber Woynok 458
- Sklaverei 186

Sender: König und Königin 305
Shaw: Handbuch des Revolutionärs 309
- Haus Herzenstod 108
- Heilige Johanna 295
- Helden 42
- Kaiser von Amerika 359
- Mensch und Übermensch 129
- Pygmalion 66
- Selbstbiographische Skizzen 86
- Vorwort für Politiker 154
- Wagner-Brevier 337

Simon, Claude: Seil 134

Šklovskij: Kindheit 218
- Sentimentale Reise 390

Solschenizyn: Matrjonas Hof 324
Stein: Erzählen 278
- Paris Frankreich 452

Strindberg: Am offenen Meer 497
- Fräulein Julie 513

Suhrkamp: Briefe 100
- Der Leser 55
- Munderloh 37

Svevo: Ein Mann wird älter 301
- Vom alten Herrn 194

Synge: Der Held 195
- Die Aran-Inseln 319

Szaniawski: Der weiße Rabe 437
Szondi: Celan-Studien 330
- Satz und Gegensatz 479

Thoor: Gedichte 424
Tomasi di Lampedusa: Der Leopard 447
Trakl: Gedichte 420
Valéry: Die fixe Idee 155
- Eupalinos 370
- Herr Teste 162
- Über Kunst 53
- Windstriche 294
- Zur Theorie der Dichtkunst 474

Valle-Inclán: Tyrann Banderas 430
Vallejo: Gedichte 110
Vittorini: Die rote Nelke 136
Walser, Robert: Der Gehülfe 490
- Geschwister Tanner 450
- Jakob von Gunten 515
- Prosa 57

Waugh, Wiedersehen mit Brideshead 466
Weiss: Hölderlin 297
- Trotzki im Exil 255

Wilde: Die romantische Renaissance 399
- Dorian Gray 314

Williams: Die Worte 76
Witkiewicz: Wasserhuhn 163

Wittgenstein: Gewißheit 250
Woolf: Die Wellen 128
– Granit 59
Yeats: Die geheime Rose 433

Zimmer: Kunstform und Yoga 482
Zweig: Die Monotonisierung der Welt 493